MAZE

FOR KIDS

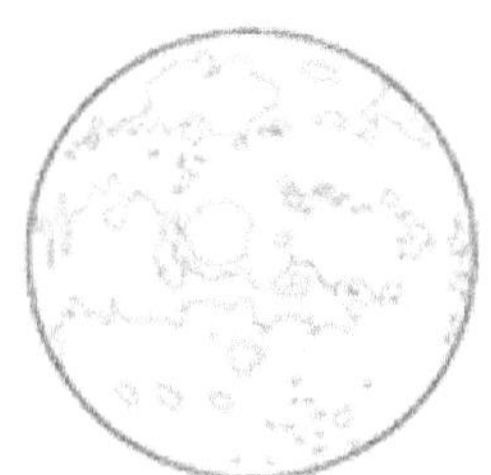

MAZE BOOK

SOCIAL MEDIA

 /MySweetBooks1

 /MySweetBooks1

 /MySweetBooks1

 /MySweetBooks

Email Us : mysweetbooks1@gmail.com

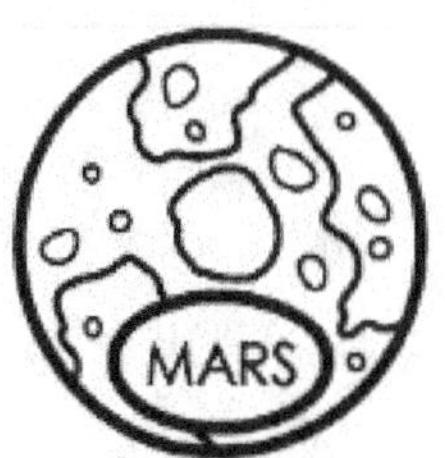

MARS

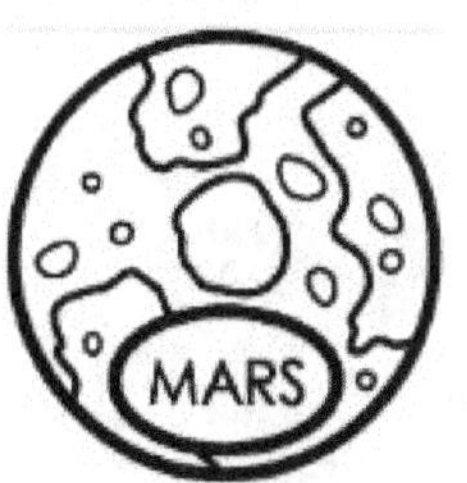

MARS

MARS

MARS

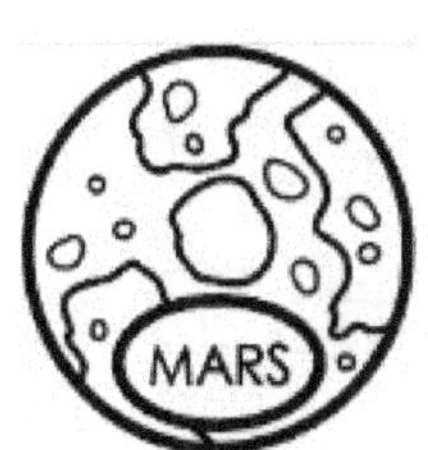
MARS

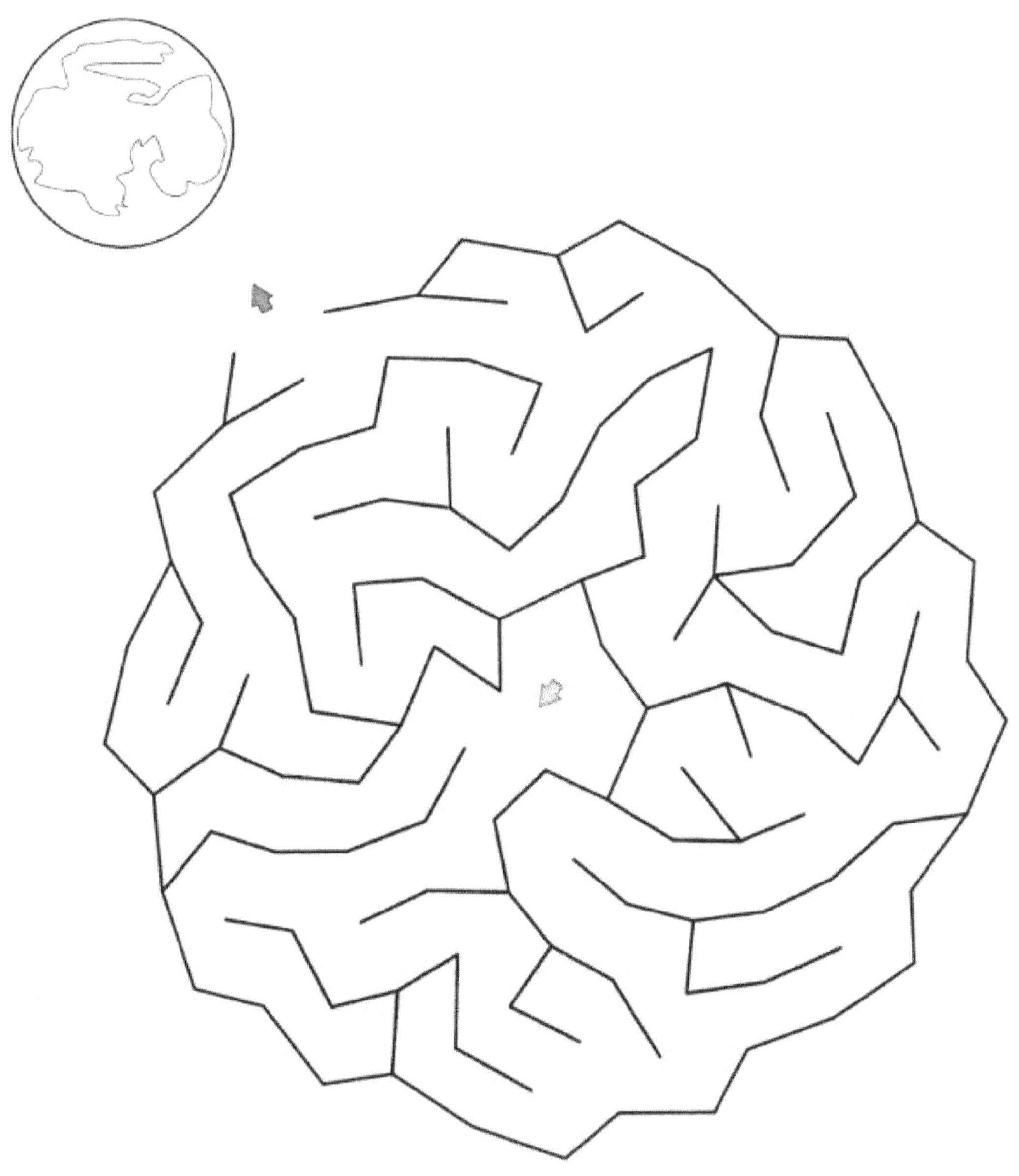

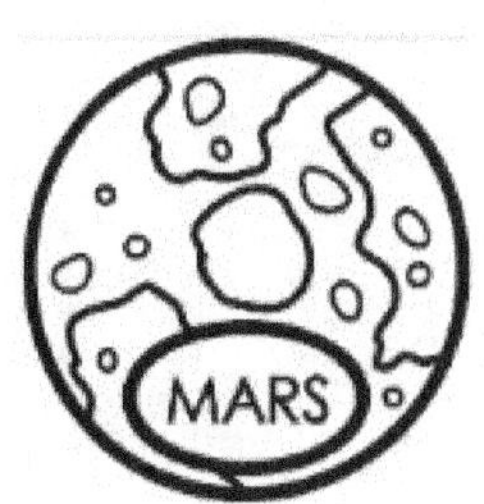

MARS

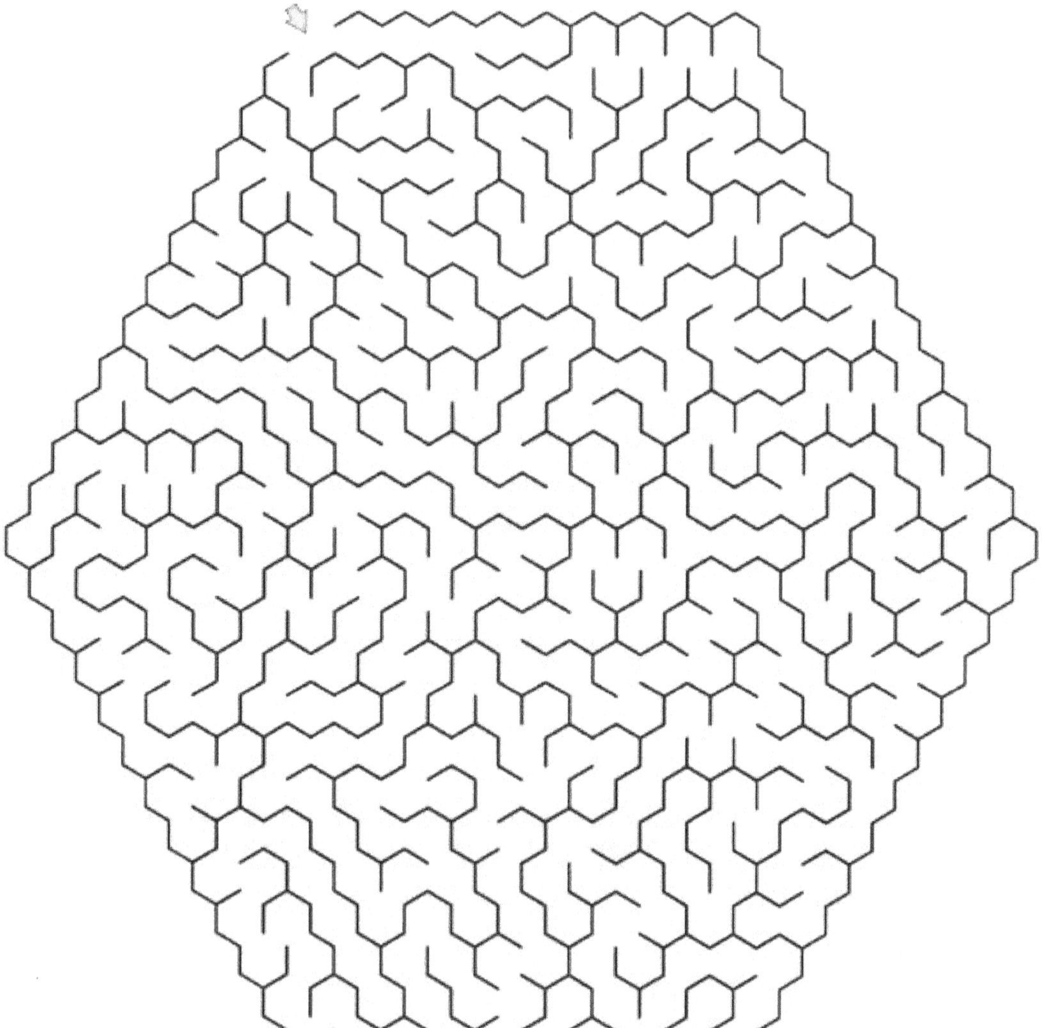

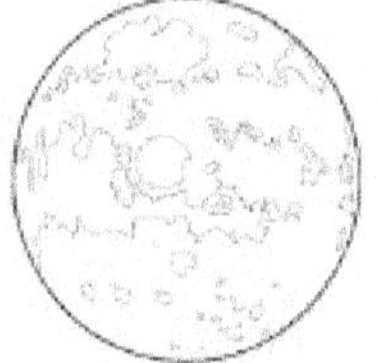

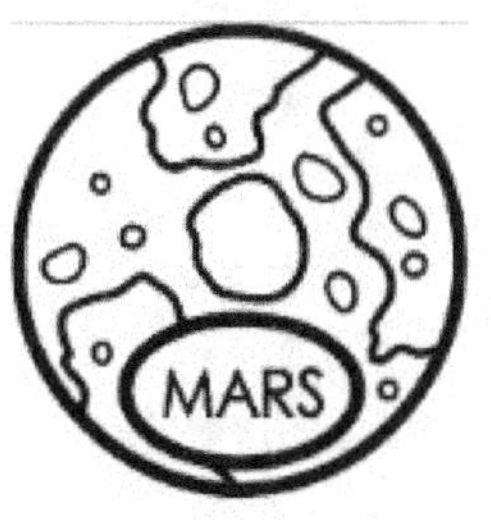

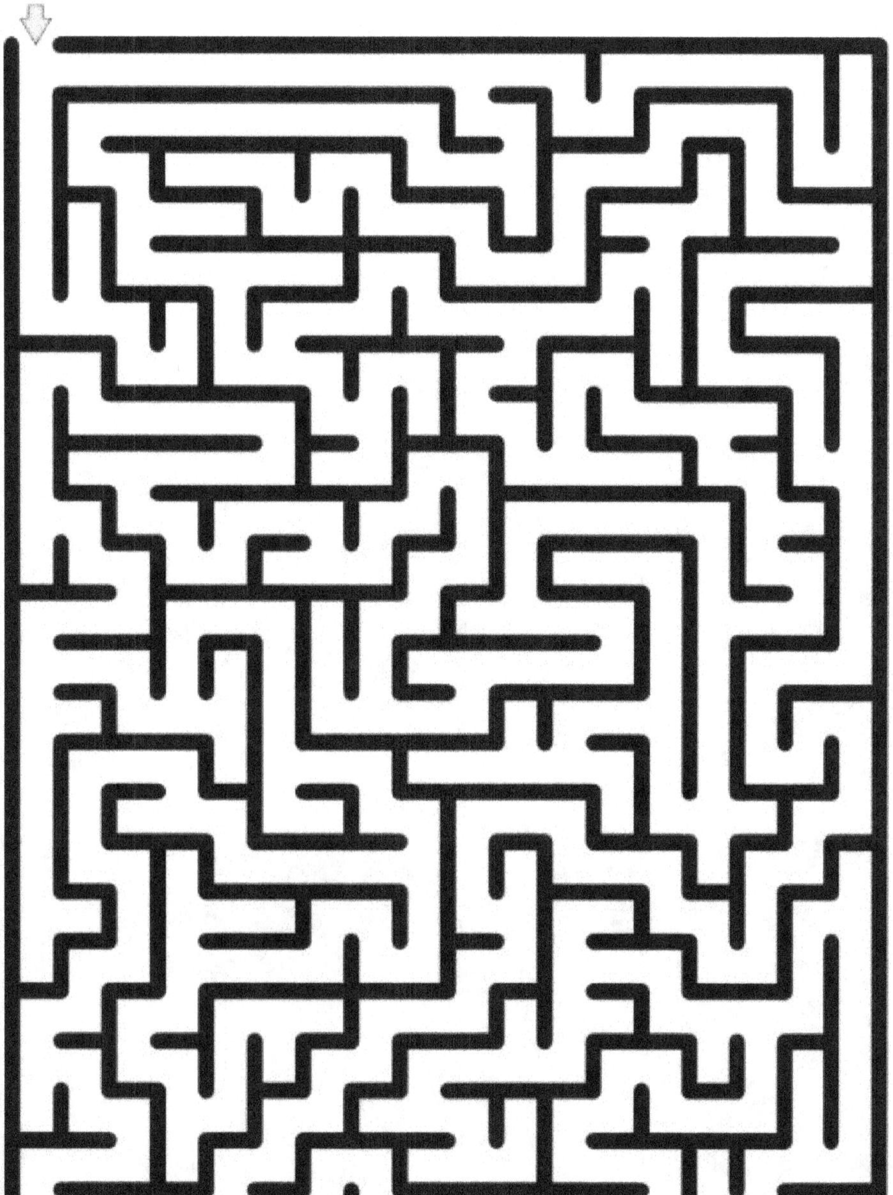

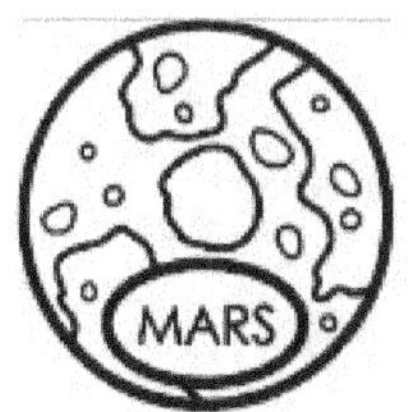

MARS

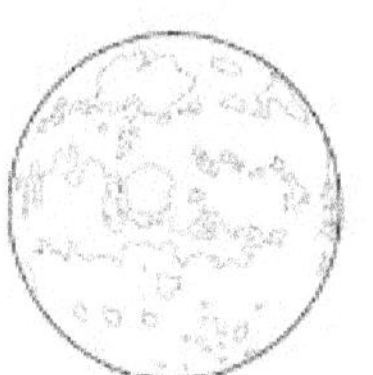

MARS

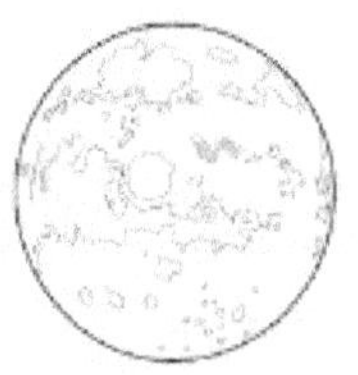

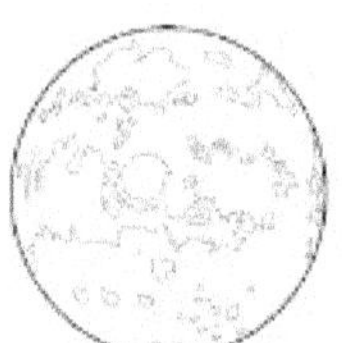

MARS

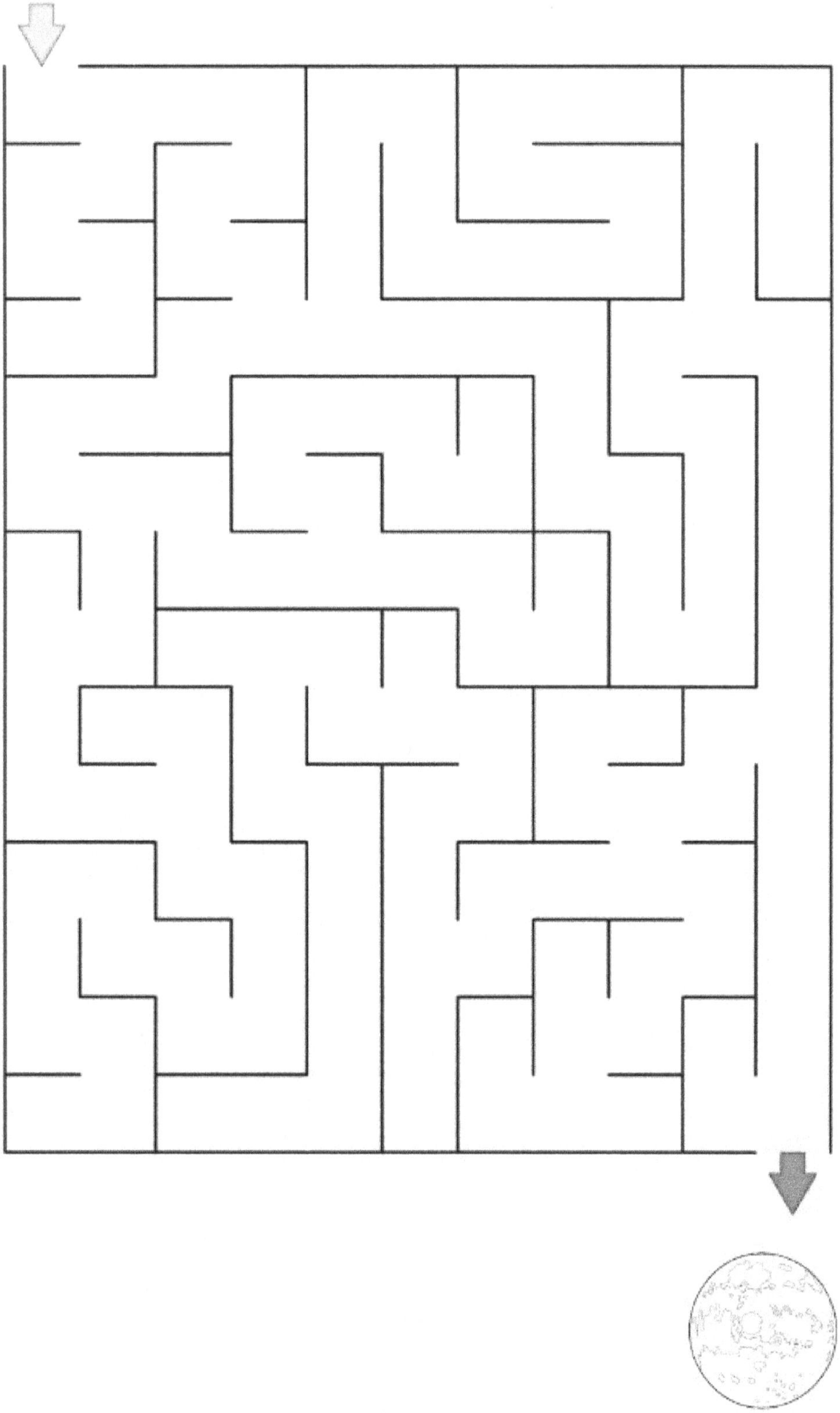

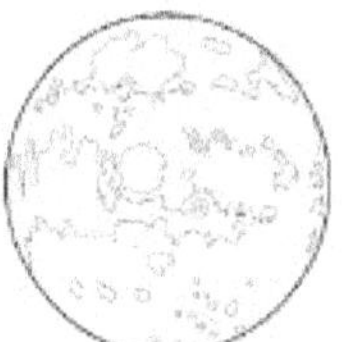

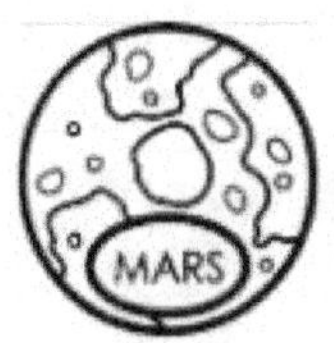

MARS

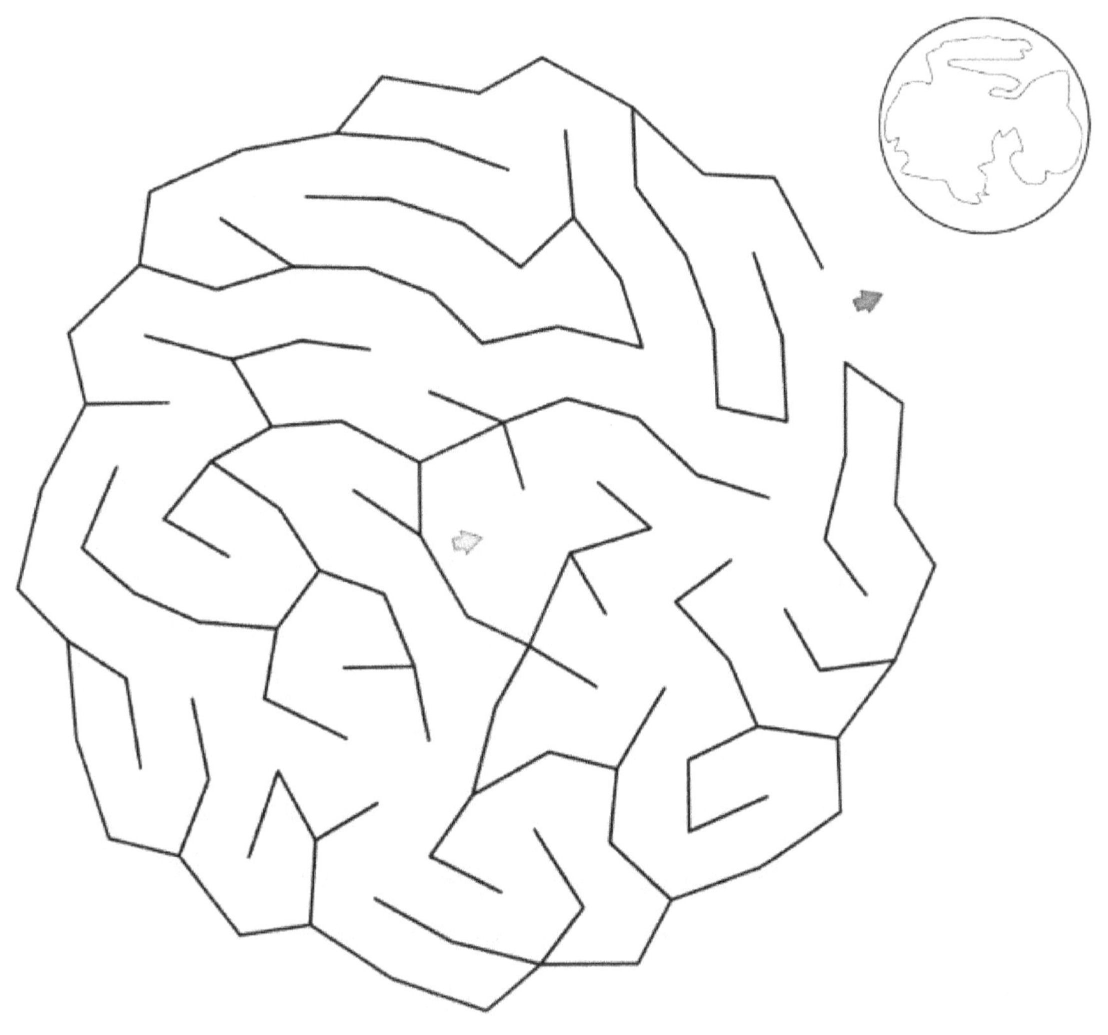

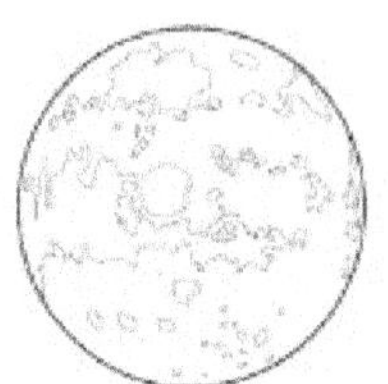

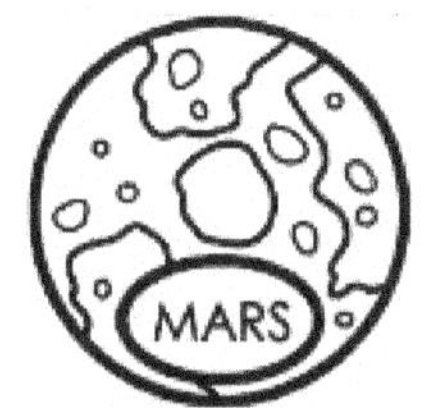

MARS

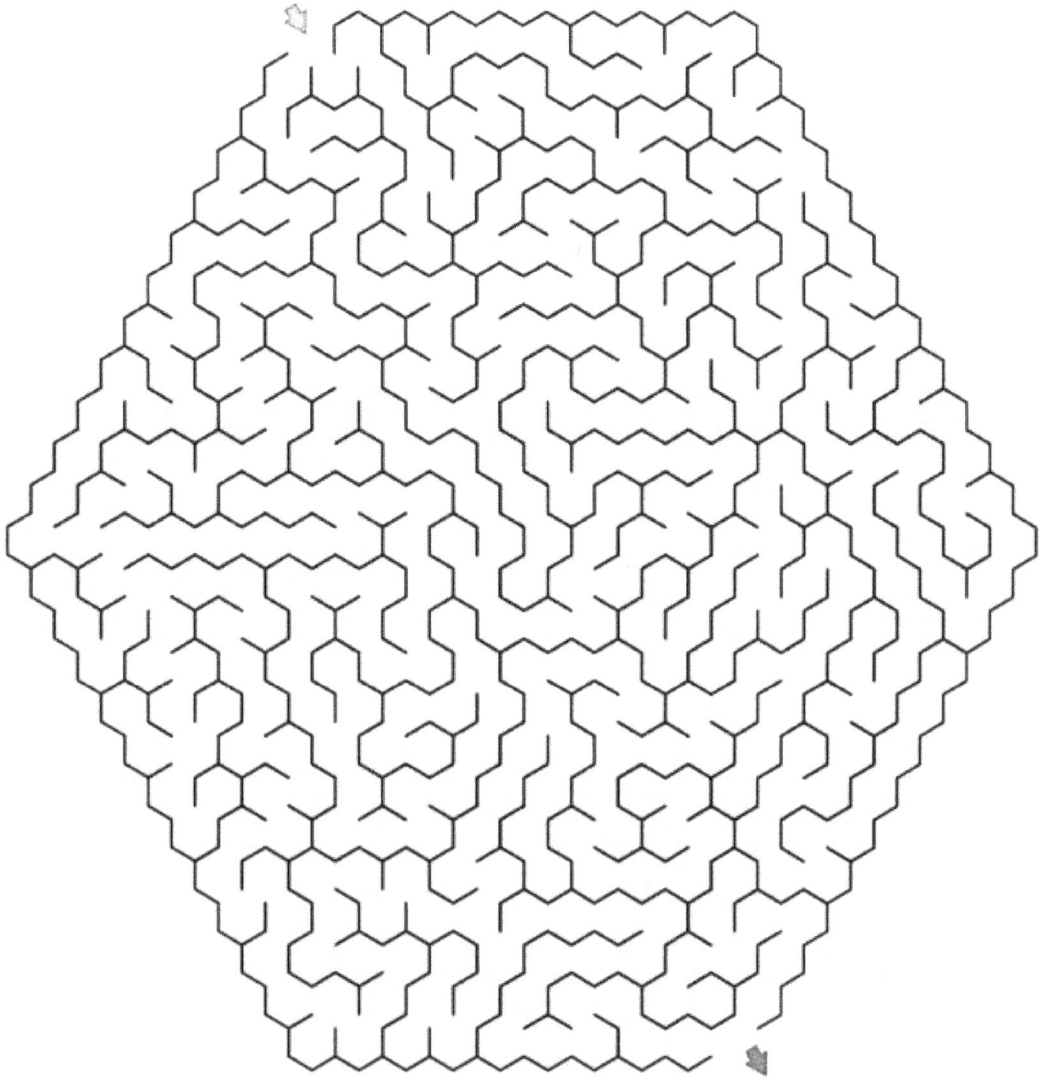

MARS

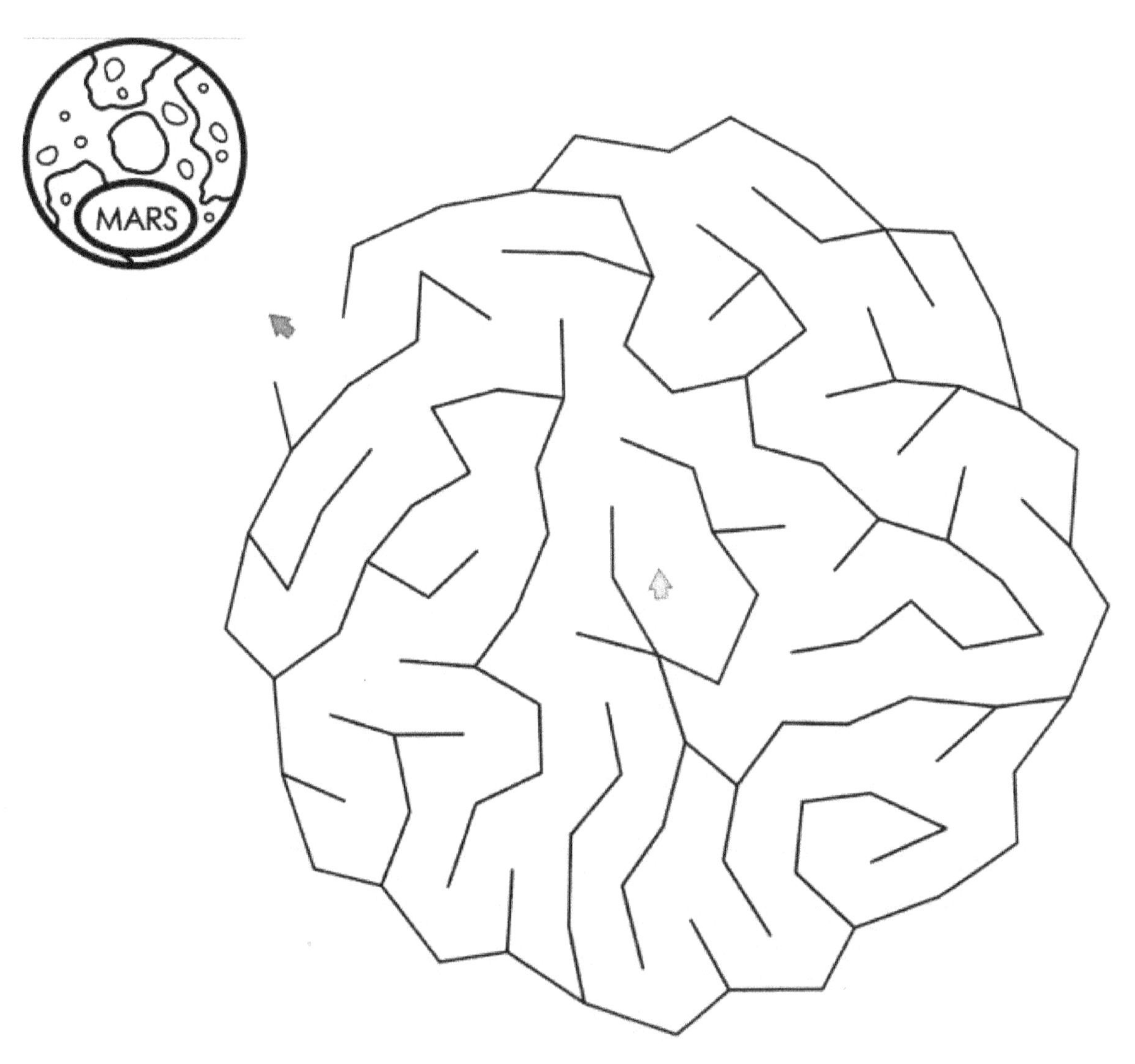

MARS

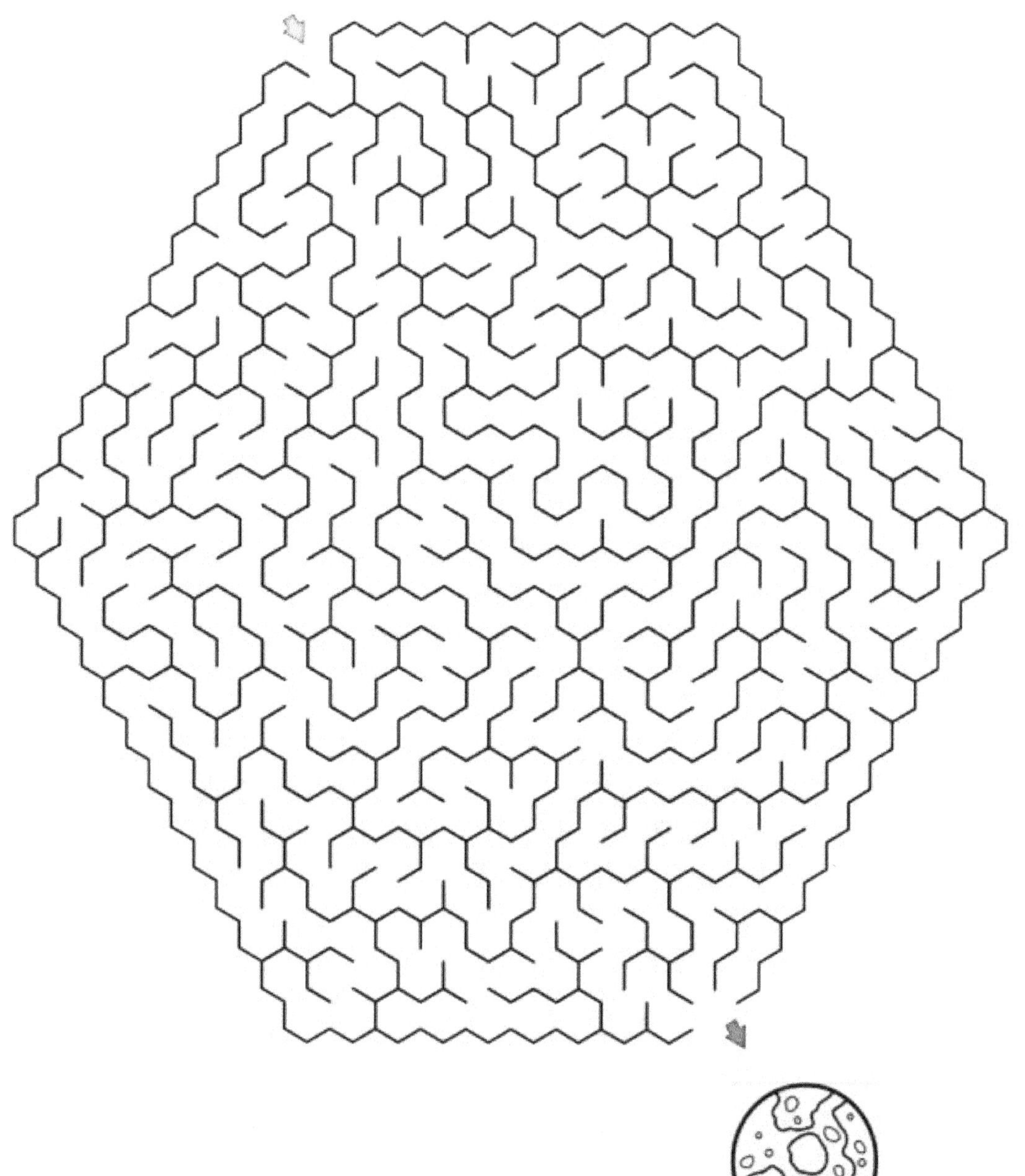

MARS